KB108526

이중 언어교육

: 자녀에게 유익한 점들

이중 언어교육: 자녀에게 유익한 점들

초판 발행일	2015년 12월 14일		
개정판 발행일	2017년 6월 7일		

지은이	임 연		
펴낸이	손 형 국		
펴낸곳	(주)북랩		
편집인	선일영	편집	이종무, 권혁신, 송재병, 최예은
디자인	이현수, 이정아, 김민하, 한수희	제작	박기성, 황동현, 구성우
마케팅	김회란, 박진관		
출판등록	2004. 12. 1(제2012-000051호)		
주소	서울시 금천구 가산디지털 1로 168, 우림라이온스밸리 B동 B113, 114호		
홈페이지	www.book.co.kr		
전화번호	(02)2026-5777	팩스	(02)2026-5747

ISBN	979-11-5987-619-6 03370(종이책)	979-11-5987-620-2 05370(전자책)

**총명한 어린이로 키우려면
모국어와 외국어를 동시에 가르쳐라!**

이중
언어교육

Bilingual Education

: 자녀에게 **유익한 점들**

개정증보판

임 연 지음

북랩 book Lab

목 차

2부 자녀의 언어 발달을 위한 가정에서의 활동

이중 언어 아동으로 키우기 위한 가족 활동 • 34

머 리 말

이민 가정이 새로운 생활에서 첫 번째로 당면하는 문제는 자녀의 언어 발달에 관한 일일 것이다. 내가 한국학교에서 일하던 시절에 부모가 가지는 가장 큰 문제는 자녀의 모국어를 포기할지 지속할지에 대한 것이란 걸 알게 되었다. 상당수의 이민 온 부모는 모국어를 계속하게 되면 영어를 배우는 데 방해가 된다고 믿고, 영어에 매진하는 쪽으로 마음이 기운다. 이는 우리나라 부모에게만 국한된 것이 아니며 다른 나라 부모들에게도 해당되는 갈등이다.

이민 가정이 아니더라도 자녀를 둔 부모라면 누구나 자녀의 언어를 어떻게 하면 더 발달시킬 수 있을지 고민한다. 언어 발달은 학습이나 습득을 통해서 이루어진다. 언어학자들은 그중 모국어와 외국어는 일반적으로 습득을 통해서 더 많이 이루어진다고 말한다. '학습'은 의식적 배움으로 주로 학교 안에서 이루어지지만, '습득'은 학교 안팎에서 무의식적으로 얻어지는 것으로, 습득된 언어는 잘 잊히지 않고 평생 유지된다. 또한 모든 언어는 모국어나 외국어에 관계없이 동일한 방식으로 습득이 이루어진다고 한다. 한편, 언어를 배우는 데는 결정적인 시기가 있다. 그러므로 부모는 자녀들이 이 결정적 시기를 놓치지 않도록 언어교육에 힘써야 한다.

이 책을 쓰게 된 목적은 부모에게 이중 언어교육의 효과에 대한 정보를 제공해 주고 자녀에게 이러한 정보를 적용함으로써 자녀가 효과적으로 언어를 배울 수 있도록 하기 위한 것이다. 1부에서는 어린이의 일반적인 언어 발달에 대한 지식과 이중 언어를 할 경우 무엇이 유리한지에 대해 다루었다. 2부에서는 부모가 자녀의 언어발달을 위해서 가정에서 어떻게 할 수 있는지를 살펴보았다. 여기에서 제시된 예들은 언어에 흥미를 느끼고 배울 수 있도록 실험을 통해서 실제로 검증해 본 것들을 바탕으로 했으며 어린이에게 동기를 부여하는 것이 무엇인지 구체적인 실례를 들어서 제시했다.

이 책을 만들기까지 도움을 주신 존경하는 Dr. Charles Elster, Dr. Johanna Filp-Hanke, Dr. Mary Ann Nickel 교수님께 깊은 감사를 드린다. 항상 어린이들을 관찰하고 실험할 수 있게 협조를 아끼지 않았던 모든 학부모와 어린이, 자료수집에

도움을 준 고화선, 백선희, 윤복희, 정구희, 늘 내 곁에서 도움과 헌신적인 지원을 아끼지 않은 임 춘, 임 권, 임 근, 박현희, 박현순, 이 책이 완성되기까지 지원을 아끼지 않은 내 가족 남편 박두성과 나의 딸들 박은영, 박목영, 박소영, 박재영 그리고 돌아가신 아버지 임상직, 어머니 이두경께 이 책을 바친다.

이 책을 읽는 부모들이 자녀의 사회적·인지적 발달에 이중 언어 교육이 유리함을 특히 모국어 교육이 중요함을 인식할 수 있기를 희망한다. 또한 부모가 보다 자녀와 밀접한 관계를 유지하기를, 자녀가 학교생활을 하면서 지역사회에서 자신이 한국인임에 자긍심을 가지고 원만한 학교생활을 하기를, 사회적으로 도움을 주는 바람직한 시민으로 자라는 데 이바지할 수 있기를 바란다.

2010년도 미국의 인구 센서스에 의하면 미국에 사는 한국인 이민자 수는 2000년도에 비해 약 38.9% 늘어난 170만여 명에 이른다고 한다. 2013년 한국외교부가 추산한 이민자 수는 225만 명이다. 이러한 인구 증가에는 새로운 이민자의 유입과 이민 1.5세대와 2세대의 결혼·출산에 의한 자연 증가분이 포함되어 있다.

한 가정이 이민을 오면, 새로운 세계에 오기 전에는 미처 깨닫지 못한 어려움과 직면하게 된다. 예를 들어 시급한 생계 수단의 해결, 새로운 사회시스템에 대한 적응, 자녀 교육 그리고 전통적인 가치관과 대립하는 문화적 갈등 등이 그것이다. 이러한 어려움 중에서 가장 우선시하는 부문은 아마도 자녀 교육이 될 것이다. 대부분의 이민자 부모들은 자녀들의 장래를 위해서 자기 자신을 희생한다. 그들의 자녀가 학교생활에 잘 적응하여 우수한 학업성적을 거두고 사회에 나가서 가치 있는 직업에 봉사할 수 있기를 바라기 때문이다.

　이민자 부모들이 자녀 교육 문제에 대해 맨 처음 고민하는 것은 바로 '모국어를 어떻게 대처해 나갈 것인가'이다.

　이는 단지 한국 이민자들에게만 국한된 것이 아니고 다른 나라 부모들에게도 똑같이 해당되는 문제로, 그들도 같은 이유로 고민하고 있다.

　일반적으로 가정에서 모국어를 쓰는 이민 1세대 부모의 자녀는 유아원이나 유치원에 들어갈 때쯤이면 그동안 모국어 사용 환경에 많이 노출되었기 때문에 어느 정도 모국어를 구사할 수

가 있다. 그러나 일단 정규학교 교육을 받기 시작하면 모국어 능력은 부모들이 이를 보존 또는 향상시키기 위한 별도의 지원을 하지 않는 한 정체되거나 감퇴한다.

더욱이 많은 이민자 부모들은 그들 자녀의 영어 습득이 급선무이기 때문에 모국어 사용을 등한시하거나 거의 포기해 버리고 만다. 가정에서의 모국어 사용 비중은 점차 낮아지고 대신 부모가 영어를 잘하건 못하건 영어 사용 빈도는 올라간다. 어떤 부모들은 복수의 언어를 사용하게 되면 언어 혼란(language confusion)이 야기될 것으로 생각한다. 그러나 많은 실험적 연구를 통해, 오히려 이중 언어를 사용하는 것이 그렇지 않은 것보다 유익한 점들을 많이 가지고 있음이 밝혀졌다.

1부

어린이의 언어 발달과
이중 언어의 이점

어린이의 언어 발달

이중 언어의 유리한 점을 살펴보기에 앞서 우선 영·유아의 언어가 어떻게 발달하는지 간략하게 들여다보고자 한다. 일반적으로 어린이는 6개월이 되면 옹알이를 시작한다. 12개월 정도되면 홑단어를 말하기 시작하며 18개월 정도되면 두 단어가 결합한 말을 한다. 따라서 2년째부터 어휘의 사용이 빠르게 증가한다. 초기 아동기(2~6세)에는 어휘 발달이 급격하게 이루어지고 서술 문장을 만들어내는 능력이 향상된다. 다른 한편으로 이 시기의 어린이들은 일시적으로 낱말의 뜻과 문법을 정의하는 데 어려움을 겪게 된다. 그러나 이 시기가 끝날 무렵에는 거의 다 극복한다. 예를 들어 이때의 어린이들은 인간에게는 네 발과 꼬리가 없으므로 동물이 아니라고 해석한다. 이를 과소 해석이라고 한다. 또 뜻을 너무 넓게 해석하여 적절하지 못한 상황에 적용하는 우를 범하기도 한다. 예를 들면 맨발(barefoot)이라는 단어를 '온몸을 죄다 벗는다'는 의미로 사용한다. 이는 과대 해석이라고 한다. 불규칙적으로 변화하는 단어에 일반적 변화 원칙을 적용하기도 한다. 'better' 대신에 'gooder'를 사용하는 것이 그 예이다. 이는 과대 적용이라고 할 수 있다.

후기 아동기(6~10세)에는 '때'와 '비교'를 나타내는 단어를 이해하는 능력이 향상된다. 또 다른 중요한 변화는, 메시지 내용을 있는 그대로 해석할 수 있게 되고, 발음이 정확해지며, 특정 주제를 가지고 일관성 있게 대화할 수 있게 될 뿐 아니라, 구성과 인과관계가 있는 문장을 만들 수 있는 능력을 갖게 된다는 점이다.

이제 아이들의 언어가 어떻게 위와 같이 발달하는지 간략히 살펴보고자 한다. 일반적으로 언어 발달은 '배움'이나 '습득'을 통해서 이루어진다고 한다.[1] '배움'은 언어의 법칙과 단어를 배우는 의식적인 과정이다. 배운 지식은 반복해서 사용하지 않는 한 쉽게 잊힌다. 이 때문에 어떤 학생이 언어 시험을 통과했다 하더라도 배운 언어로는 그 언어가 모국어인 사람과 대화하기가 쉽지 않을 것이다. 그러나 '배움'과 달리 '습득'은 출생 직후부터 모국어 사용 환경이나 제3국에서 그 나라 사람들과 어울리며 일상생

---

1)   Krashen as cited in Freeman, 2004, p. 35

활을 하는 과정에서 이루어진다. 배움이 학교 안에서 이루어지는 데 반해 습득은 학교 안팎에서 이루어진다.

　인간의 언어 습득은 외부의 자극에 적응해 가며 빠르고 집중적으로 그리고 지속적으로 발달한다. 그러나 언어 습득의 속도나 패턴은 어린이의 나이와 환경의 특성에 따라 달라진다. 어린이가 야생에 버려져 동물들의 보호로 자랐을 때 어린이의 감각기능은 동물의 인지와 의사소통 방식으로 변화한다.[2] 이 경우, 인간 언어의 발달은 진행되지 않았다고 보는데, 그것은 외부로부터 인간의 언어와 관련된 자극이 없었기 때문이다. 언어 습득과 관련된 선천적 재능과 언어 습득을 담당하는 두뇌 회로가 활동하지 않았다는 뜻이다.

　언어 발달 과정에는 언어 습득에 민감하게 반응하는 특별한 시기가 있는데 일반적으로 이를 '결정적 시기(critical period)'라 부른다. Krashen에 의하면 성인이 되어 언어를 배울수록, 어린이나 젊은 학습자들이 이루어 내는 본토인 수준의 언어 구사력을 달성하지 못한다고 하는데, 그것은 바로 이 '결정적 시기'를 놓쳤기 때문이다. 위에서 말한 야생의 어린이 경우도 같은 논리이다. 인간 세계와 단절되었다가 구출된 그 어린이는 언어 습득 능력을 쉽게 회복하지 못했고, 집중적인 언어 훈련에도 불구하고 심각

---

2)　Smithsonianmag.com

한 언어장애를 가지게 됐다. 이는 그 어린이가 바로 언어 습득의 결정적 시기를 놓쳤다는 것을 의미한다.

그렇다면 이제 '결정적 시기'가 언제 시작해서 언제 끝나는지가 궁금할 것이다. 이에 대한 명확한 답은 없지만 상당수의 연구 학자는 매우 어린 시기, 예를 들면 2세 정도의 어린 시기에 시작해서 사춘기 이전인 11세쯤에 끝난다고 보고 있는데 심지어 어떤 학자는 9세쯤에 끝난다고 말하기도 한다. 대뇌의 좌우 기능 분화(lateralization)는 사춘기가 시작될 무렵에 완성되는데, 기능 분화가 끝나기 전, 즉 결정적 시기가 끝나기 전에 언어를 배우면 언어의 구조를 분석하지 않고서 배우게 되므로 언어 습득이 보다 쉽게 이루어진다. 따라서 제 2 언어를 배운다면 결정적 시기가 끝나기 전에 배울 필요가 있다는 것이다. 결정적 시기 중에 제 2 언어를 배우게 되면 발음과 문법을 향상하는 데 도움이 된다.[3]

언어 습득 과정이 복잡하기에 어릴 때 언어가 어떻게 습득되는지에 대한 이론들도 다양하다. 대표적으로 Chomsky가 주장한 선천적 습득론(Nativism), 정보처리 이론, 사회·문화 이론 그리고 기능주의, 이렇게 네 개의 언어 발달 이론들이 있다.[4] 선천적

---

3) Freeman & Freeman, 2004, p. 42
4) McDevitt & Ormrod, 2009, pp. 315-319

습득론은 사람에게 언어의 복잡한 면들을 바로 배울 수 있는 타고난 능력(언어 습득 장치)이 있다고 주장한다. 정보처리 이론은 어린이들이 언어를 배울 때 사용하는 인지 과정, 즉 주시, 논증 및 작동하는 기억에 초점을 맞춘다. 이에 반해 사회·문화 이론은 사회적 환경과 상호 교류가 언어 발달에 어떻게 이바지하는지에 초점을 맞춘다. 마지막으로 기능주의는 어린이들이 왜 그들이 속한 사회의 언어를 배우려고 하는지에 주목한다. 이 이론에 의하면 언어를 배우는 목적은 지식을 얻고, 상호 간의 관계를 구축하며, 자신의 행동을 제어하고 타인의 행동에 영향을 미치려는 데 있다.

그렇다면 제2 언어 습득은 어떻게 이루어지는가? 이에 대해 Krashen은 제1 언어(모국어)와 제2 언어(제1 외국어) 습득이 같은 방식으로 이루어진다고 말한다. 그는 ESL(English as a Second Language)과 EFL(English as a Foreign Language) 교육 이론에 지대한 공헌을 남긴 사람으로 제2 언어 습득을 뒷받침해 주는 5가지의 이론을 제시하였다. 첫째, 제2 언어 발달은 의식적인 배움과 잠재의식적인 습득 등 2가지 방식을 통해 이루어진다. 둘째, 제2 언어는 제1 언어(모국어)처럼 자연적으로 습득된다. 셋째, 사람들이 배우는 언어 법칙은 말이나 글에 의한 의사 전달을 모니터(감시, 조정)하는 데 활용될 수 있다. 구어는 문자언어보다 모니터(감시, 조정)가 훨씬

어렵다. 넷째, 제2언어 습득은 학생들이 메시지처럼 알아들을 수 있는 자극(말이나 문자 등)을 통해 이루어진다. 여기에서 교사의 역할은 자극을 이해할 수 있도록 하는 방법을 찾아내는 것이다. 다섯째, 언어습득은 정서적 요인(소심, 지루함, 걱정 등)의 영향을 받는다. 이러한 정서적 요인은 들어오는 메시지를 막아 걸러내거나 선천적 능력에 접근하지 못하도록 한다. 이 이론은 학생들이 노래나 손을 사용해서 하는 흥미로운 활동 즉, 요리나 과학 실험에 관여하고 있을 때 언어 습득이 왜 더 잘 이루어지는지 설명해 주고 있다. 교사들은 학생들의 정서적 요인을 완화해 줄 수 있는 환경을 조성해 줄 필요가 있다.[5]

Schuman[6]은 이민자들의 언어 발달이 주류 사회와의 사회적·심리적 거리에 영향을 받는다는 것을 발견했다. 주류 사회와 거리를 둘수록 그 사회가 쓰는 언어를 습득하는 것은 더욱 지체된다. Schuman의 사회적·심리적 거리 이론은 Krashen의 이론을 보완해 주고 있다.

---

5) Freeman & Freeman, 2004, pp. 35-40
6) 1978, as cited in Freman & Freeman, 2004, p. 40

이중 언어의 유리한 점

최근에는 이중 언어 사용자와 단일 언어 사용자들 간의 비교 연구가 활발하게 이루어져 괄목할 만한 성과들이 나타나고 있다. 이에 따라 이중 언어를 사용하는 사람들에게 어떠한 이점들이 있는지가 큰 관심 사항이다.

그들의 연구 결과들에 의하면 이중 언어 사용은 언어를 배우고 이해하고 알며 인식하는 정신적 과정으로, 인지적 유연성 (cognitive flexibility)을 높이는 데 긍정적으로 작용하고 있다고 한다. 또한 이중 언어 사용은 통찰 문제 해결[7](insightful problem solving)과 다양한 사고력(창의력 발달과 관련이 깊음)이 요구되는 상황에서

---

7) Cushen, 2011

많은 도움을 준다.[8] 그리고 모국어와 영어는 상호 배타적관계가 아니라 상호 보완적인 관계[9]이며 모국어를 잘하면 언어 상호간 의 지식과 기술의 전이효과때문에 영어도 잘하게 된다[10]고 한다.

한편, 이러한 인지적 발달의 이점 외에도 이중 언어 교육은 어린이의 사회성 발달을 높이는 데 도움을 준다.

이처럼 최근에 밝혀진 이중 언어 사용에 대한 긍정적인 연구 결과 덕분에, 이제 언어학자, 심리학자 및 교육학자들 사이에서 는 이중 언어 사용이 하나의 언어만 사용하는 것보다 인지적·사 회적 발달 면에서 훨씬 유리하다는 믿음이 보편화 되었다.

이제 이중언어 사용이 인지적 사회적 발달측면에서 어린이들 에게 어떻게 영향을 끼치고 있는지를 살펴 보겠다.

1) 인지발달과 학교교육에 유리한 점들

인지적 발달은 사람이 어떻게 감지하고 생각하고 자신의 세계 를 이해하게 되는지와 관련이 있다. 이것은 주시, 추론, 기억, 문 제 해결 및 의사 결정을 통해서 지적·정신적 능력을 구축해 나

---

8) Fleith, 2002
9) Hakuda, 1990
10) Diamond, 2010

가는 것을 뜻한다. Bialystok(2001)에 의하면 이중언어를 쓰는 어린이는 단일언어를 쓰는 어린이들보다 인지수행능력이 어떤부분에서는 보다 앞서 있다고 주장한다. 예를들면 다양한 정보중에서 필요한 정보만을 선택하는 능력이나 인지적 유연성 면에서 그렇다.

그리고 이중언어를 쓰는 어린이들은 어려서 부터 다른경로로 인지능력을 발달 시켜 나간다. 한살이 되면 이중언어를 쓰는 어린이들은 상이한 언어시스템을 구축할 수 있으며 두살이 되면 상이한 언어간의 변환을 할 줄 안다. 이러한 발달은 단일언어를 쓰는 어린이들의 벌달과는 크게 다르다. 단일언어를 쓰는 어린이들은 초기발달과정에서 상이한 언어시스템을 구축하거나 이중언어사용시 얻게되는 인지적 혜택을 누릴 수 없다.[11]

이중 언어를 쓰는 어린이는 집행 기능을 수행하는 능력이 더 우수하다.

· 집행기능은 생각과 행동을 조절하는 정신적 과정이다. 또한 정신적 구조의 변환, 작동기억(working memory), 정보의 업데이팅, 계획능력도 조절한다. 억제조절은 적절한 자극을 주시하기 위해서 오도하는 자극을 억제해야 하는것을 말한다.[12] 예

---

11) Bialystok, 2001 as cited in Poulin-Dubois D., 2011
12) Bialystok, 2001, Cited in Carlson & Meltzoff, 2008

를 들면 우리는 시각, 소리와 같은 외적인 감각과 사고, 감정과 같은 내적인 감각을 받아들인다. 그러나 우리의 마음은 작업을 수행할 때 입력된 정보 중, 어떤 것은 억제하고 일부 제한된 것만 주시한다. 이를 억제 조절이라 한다.

· 어린이들은 일찌기 두 언어간의 변환능력, 즉 한쪽 언어는 억제하고 다른 언어에 촛점을 맞추는 능력이 있음을 볼때, 이중언어 어린이들은 확실히 억제조절 과 집행기능에서 이득을 보고 있음을 보여주고 있다. 비알리스토크에 의하면 세살때에 이중언어 어린이들은 집행기능 과정을 보다 잘 실행할 수 있고, 또한 7개월된 이중언어 유아도 억제조절이 요구되는 언어변환 작업에서 인지적으로 이득을 누리고 있다고 한다(Kovacs & Mehler, 2009).[13]

· 이중 언어를 쓰는 어린이는 상충되는 주시요구들을 조정하는 작업에서 상당히 유리하다.[14]

이중 언어를 사용하는 사람들은 문제 해결 능력이 더 우수하다.

· Cushen(2011)은 중서부 지역의 한 대학에서 166명의 학부 학생들을 뽑아 이중 언어를 사용하는 그룹과 단일 언어만을

---

13) Kovacs & Meltzoff, n 2009, Cited in Poulin-Dubois D., 2011
14) Carlson & Meltzoff, 2008

사용하는 그룹으로 나누고, 각 그룹 학생들이 통찰 및 비통
찰 문제들을 어떻게 풀어가는지 조사했다. 이 중 102명은 영
어만 사용하는 학생이고 나머지 64명은 스페인어, 중국어,
폴란드어, 타갈로그어, 한국어, 인도어, 알바니아어 등을 사
용하는 이중 언어 사용자였다. 그 결과 이중 언어 사용자들
이 단일 언어를 사용하는 학생들보다 통찰 문제를 더 잘 해
결해 나갔는데, 이는 거꾸로 말하면 단일 언어를 사용하는
학생들이 인지적 유연성이 요구되는 상황에서 매우 어려움
을 겪고 있음을 의미한다.

이중 언어를 사용하는 사람들은 훨씬 더 창의적 사고 능력을 가진다.
- 이중 언어를 사용하는 사람들은 하나의 언어만 사용하는 사
  람들보다 사고의 유연성이 높은데, 이는 이중 언어 사용과
  창의성 사이에 서로 밀접한 관계가 있기 때문이다. 또한 이
  중 언어를 사용하는 사람들은 언어 구사의 독창성과 유연
  성, 형상을 표현하는 창의성과 능숙성, 비언어적 창의성 테
  스트에서 높은 성취도를 보였다.[15]
- 이중 언어교육을 조기에 받고 두 언어 모두 균형 있게 구사
  할 수 있게 된 어린이들은 창의적 사고력이 훨씬 발달한다.

---

15) Simonton 2008, Kharkhurin 2010, Cummins 2000, as cited in Leikin, 2012.

최근의 많은 연구 결과들은 조기 이중 언어교육이 어린이들의 일반적·수학적 창의력 발달에 어느 정도 긍정적인 영향을 미치고 있음을 밝혔다. 특히 조기 이중 언어 구사력이 균형화될수록 창의적인 사고력이 보다 집중적으로 발달된다.[16]

- 이중 언어를 쓰는 사람들은 하나의 언어만 쓰는 사람들에 비해 인생을 살아가며 보다 높은 유연성을 발휘하고, 동일한 개념과 다양한 관계를 맺으며, 모호함을 용인하고, 다양한 방식으로 지식에 접근하여 자신의 생각을 표현한다.[17] 또한 그들은 두 언어의 문화권 행사에 자주 참여한다.

이중 언어를 구사하는 어린이는 영어만 쓰는 어린이에 비해 학업 성취도가 결코 낮지 않다.

- 모국어를 사용하고 발달시킬 기회를 가진 어린이들은 그렇지 않은 어린이들에 비해 학교에서 성공할 가능성이 높다.[18]
- 이중 언어를 쓰는 어린이들은 일반적으로 영어 읽기와 수학에서 낮은 성적으로 유치원에 다니기 시작하지만 늦어도 초등학교 5학년이 되면 영어만을 사용하는 어린이와 동등해진다.[19]

---

16) Leikin, 2012
17) Lubart, 1999, cited in Fleith, 2002
18) Kohnert & Yim, 2005
19) Han, 2012

2) 사회성 발달에 유리한 점들

사회성 발달은 어린이가 다른 사람과 효과적으로 관계를 맺고, 학교 그리고 커뮤니티에 긍정적으로 이바지할 수 있는 가치관, 지식 그리고 기술을 배우는 것과 관련이 있다. 이러한 이유로 어린이 미래의 행복과 사회성 발달은 밀접하게 연관되어 있다.

이중 언어를 쓰는 어린이는 새로운 환경에서 생존할 가능성이 더 크다.
- 가정과 나아가 가족 공동체에서 사용하는 모국어를 유지·발달시키지 못하면 결국 문화적 정체성을 상실하고 가족 구성원과의 접촉 활동도 줄어들게 된다.[20]
- 이민 2세대 자녀들이 영어와 함께 모국어를 배워두면 사회·정서적 그리고 교육적으로 상당한 이점을 누릴 수 있다.[21]
- 이민 2세대로서 이중 언어를 하는 어린이들은 자부심이 높고 가족 구성원들과 좋은 관계를 맺으며 영어만 사용하는 2세대 어린이들보다 학구열이 더 높다.[22]

---

20) Kohnert & Yim, 2005
21) Portes & Hao, 2002
22) Portes & Hao, 2002

이중 언어를 하는 어린이들은 문제 행동을 덜 일으킨다.

· 12,580명(아시안 가정에 뿌리를 둔 1,520명과 미국에서 태어난 어린이 11,060명)의 어린이를 대상으로 유치원에서부터 초등학교 5학년까지의 기간 동안 문제 행동을 조사한 결과, 이중 언어를 잘 구사하는 어린이들이 가장 낮은 문제 행동을 보였다.[23]

---

23) Han, 2010

이중 언어 구사를 원하는 가족을 위한 제안

이중 언어교육의 이점과 언어 발달에 민감한 시기가 있다는 사실을 깨달았으니 이제 어떻게 하면 이민자 부모들이 자녀들의 언어 구사 능력을 높여 줄 수 있을지 몇 가지 주요 방법들을 소개한다.

모국어 발달을 위해 부모들이 가정에서 할 수 있는 일들은 무엇일까?

- 부모는 가정에서 대화를 많이 하는 분위기를 조성해 주어야 한다. 부모가 자녀를 위해 할 수 있는 최선의 방안은 자녀가 대화를 주도하도록 북돋아 주고 그렇게 하는 것이 쉽고 즐겁도록 만드는 것이다.
- 부모는 자녀의 언어 발달을 조절하거나 바로잡으려 해서는 안 된다. 이는 교정적인 지도 방식이 언어 발달을 돕기보다는 오히려 해치기 때문이다.
- 자녀의 모국어 발달을 위해 그들이 모국어 사용 커뮤니티에

노출될 수 있게 해 주어야 한다. 또한 부모 역시 가능한 한 자녀와의 대화를 모국어로 한다.

· 규칙적으로 영·유아들에게 말을 걸고 대화를 나누거나 또는 성인들 간의 대화가 그들 주변에서 이루어지도록 해야 한다. 비록 유아들이 스스로 말을 할 수 없더라도 모국어를 들음으로써 그들은 많은 것을 배우게 된다.

· 낱말의 정의를 알려준다. 부모가 낱말의 뜻을 설명해 주면 어린이는 보다 쉽게 그 낱말을 배우게 된다.

· 어린이에게 사물을 설명할 때 해당 사례와 해당되지 않는 사례를 함께 제시해 준다. 예를 들면, 도롱뇽을 설명하기 위해서는 도롱뇽 그림과 뱀이나 악어 같은 그림을 함께 보여 주고 후자 2개는 도롱뇽이 아니라고 말해 준다. 이를 통해 어린이는 사물의 개념을 정확하게 이해하게 된다.

· 어린이의 말을 확장시켜 들려 준다. 어린이가 두세 개의 단어를 사용하여 문장을 말할 때 부모나 아기를 돌보는 사람은 더욱 완성된 형태의 문장을 반복해서 말해 주는 확장 논법을 이용해야 한다. 예를 들어 어린이가 "개가 먹네."라고 말하면 부모는 "그래, 개가 저녁을 먹고 있어."라고 말해 준다. 확장 논법은 어린이의 불완전한 말을 다시 완전한 문장으로 말해 주고 격려해 주는 것을 의미한다.

· 어린이가 가능한 한 많은 글을 읽도록 격려해 준다.

· 창의적인 대화를 하도록 도와준다. 언어의 창의성은 이야기, 시, 노래, 랩, 농담 또는 말장난 등을 통해서 이루어진다. 이러한 형태의 언어는 창의적 언어 사용 능력을 키워줄 뿐 아니라 외관상 서로 다른 것처럼 보이는 사물이나 상황 사이에서 유사점을 찾아내는 데 도움을 준다.

· 가족이 함께 재미있게 즐길 수 있는 가족 놀이를 해 본다.

모국어 발달을 위해 가정 밖에서 할 수 있는 일들은 무엇일까?

자녀들이 한국 학교 등 한국어 교육기관과 관계를 밀접하게 유지하도록 해 준다. 한국어 교육기관으로는 한국 데이케어, 유아원 그리고 한국학교를 들 수 있다.

· 한국어 Day-Care 또는 유아원

- 어린이는 어릴수록 같은 문화 환경에서 더 편안하고 안정된 기분을 느낀다. 이 시기에는 한국어 환경에 자주 노출되는 것이 무엇보다 중요하다. 그 이유는 어린이들의 모국어 구사 능력이 이 시기에 특히 매우 빠르게 복합적으로 발전되기 때문이다.

· 한국 학교

- 부모가 가정에서 한국어를 사용하는 경우, 자녀들의 한국

어 발달은 대체로 취학적령기까지는 잘 이루어진다. 그런데 자녀들이 초등학교에 들어가서 전적으로 영어교육에만 메달리게 되면 그들의 한국어 구사능력은 점차 떨어지게 된다. 이러한 현상을 '이중언어체감의법칙(Subtractive Bilingualism)'[24]이라고 한다. 그러므로 부모는 자녀들의 한국어 구사능력이 저하되지 않도록 하기 위해서는 취학 이후에도 지속적으로 한국어 능력개발에 힘써 영어와 균형있게 언어발달이 이루어지도록 노력해야 한다. 한국어 능력개발은 가정과 함께 한국어 교육기관의 역할이 크므로 자녀들이 한국어 교육기관과 항상 밀접한 관계를 유지하도록 해주어야 한다. 슈만은 해당언어권 주류 사회와의 사회적, 심리적 거리가 멀수록 그 언어의 발달이 현저히 지연됨을 발견하였다. 이는 자녀들이 취학후에도 지속적으로 한국어 교육기관과의 긴밀한 관계가 왜 필요한지를 잘 설명해주고 있다. 한국학교는 자녀들에게 한국의 사회 문화적 환경과의 접촉기회를 제공해주고 한국어의 지식을 높혀주는 장소 이기도 하다. 즉 언어의 배움과 습득이 동시에 이루어 지는 장소이기 때문에 부모는 자녀가 한국어 교육기관과의 꾸준한 관계를 유지할 수 있도록 해 주는 것이 바람직하다.

---

24) McDevitt & Ormrod

2부

자녀의 언어 발달을 위한
가정에서의 활동

이중 언어 아동으로
키우기 위한 가족 활동

　자녀에게 언어를 가르치는 데 도움이 되는 많은 놀이와 활동들이 있다. 언어 학습과 상호 보완적인 이러한 활동들은 의사소통의 기술에 대한 호기심과 흥미를 돋워 주어 언어 발달에 좋다. 그리고 부모나 또래 어린이들과 함께하는 활동들은 인지·정서·사회적 발달에 좋은 영향을 미친다. 이러한 점을 바탕으로 언어 발달과 관련된 활동들을 소개한다. 이 활동들 외에 부모들은 언어를 가르치는 데 도움을 줄 수 있는 활동들을 추가로 찾아낼 수도 있다. 여기서 제시된 예들은 유튜브에서 참고했으며 부모들이 손쉽게 자녀를 위한 자료로 활용하기를 바란다.

점토 놀이(Play Dough)

점토 놀이(Play dough)는 어린이에게 많은 이점이 있다. 우선 배움에 대한 관심과 호기심을 향상시켜 준다. 어린이에 대한 지도를 최소화하고 자유롭게 점토 놀이를 하도록 허용해 주면 그들은 상상력이 아주 풍부한 놀이를 펼친다. 다른 어린이나 어른들과 함께 놀이를 할 때 자신의 생각을 이야기로 만들어 대화를 하면서 언어를 연습하고 배우게 된다.[25]

실험 및 연구 등을 통해, 점토 놀이가 어휘력을 향상시키고 긍정적인 학습 자세를 형성하는 데에 결정적인 역할을 한다는 걸 알았다. 또 다른 긍정적 효과는 주의가 산만한 행동을 감소시켜 준다. 유의할 점은 부모나 아이를 돌보는 사람은 지시하는 위치

---

25) Thompson, 1990, as cited in Swartz, 2005, p. 105

가 아닌 동등한 위치로서 아이를 돌보아야 한다는 것이다.

음악

음악과 언어는 여러 점에서 유사하다. 둘 다 소리를 사용하여 감정과 메시지를 전달하고 음색, 강조, 음량을 가지고 있다는 점에서 그러하다. 대신 음악은 보다 감성적인 방식으로 메시지를 전달한다. 노래는 언어를 배우는 데 도움을 주며 곡은 언어를 기억하는 데 도움을 준다. 또한 노래는 발음을 개선하는 데 유용하다. 노래의 반복적인 가사는 어린이들의 언어 습득을 도와준다.[26] 즉 음악은 세 가지 방식으로 언어를 배우는 데 도움을 준다. 첫째, 음악의 감성적인 면이 어린이의 주의력과 참여도를 높여 준다. 둘째, 음의 높낮이는 음절 간의 소리 변화를 보다 명확하게 듣는 데 도움을 준다. 셋째, 악보와 언

---

26) Mora, 2000

어 구조 사이의 연결 관계가 언어 습득을 증대시켜 준다.[27]

여섯 명의 Korean-American 아동을 대상으로 한 나의 실험 결과에서도 한국 노래의 가사는 한국어를 이해하는 데 도움을 줄 뿐만 아니라 어린이의 언어 학습에 대한 관심과 학습 동기를 높이는 데에도 좋은 영향을 미치는 것으로 드러났다. 한국어를 가르칠 때에 권하고 싶은 음악은 전통 민요, 엔터테이먼트 노래, K-Pop 등을 들 수 있다. 음악으로 한국어를 배울 때 참고할 만한 곡은 다음과 같다.

· K-Pop
https://www.youtube.com/watch?v=9bZkp7q19f0op
(Gang-Nam Style: 강남스타일)

· 동요
http://www.youtube.com/watch?v=I8RkDxeeDms
(Children's Nursery Rhyme Collection: 즐거운 어린이 동요 모음 12곡)

· 민요
https://www.youtube.com/watch?v=fX0Rw7xxNZg
(Friend, Friend, Close Friend: 동무동무 어깨동무)

---

27) Schön, 2008

책

　책은 언어 학습을 위한 소스로 접근성이 가장 뛰어나다. 실제로 많은 부모들은 자녀의 언어 학습을 위해 책을 우선적인 자료로 삼고 있다. 책을 학습 자료로 삼을 때 고려할 두 가지 사항은 적절한 책의 선정과 독서 활동이다. 책을 고를 때 부모는 자녀의 관심 사항, 학습 동기, 개성 그리고 경험 등을 고려하여야 한다. 다음은 어린이들에게 권장할 만한 책들이다.

▷ **그림책**: 특히 어린 아동들의 언어 교육에 매우 유용하다. 부모들은 구성 방식, 도해, 내용, 페이지별 프린트의 크기 및 양 등에서 주목할 만한 것이 무엇인지 살펴보아야 한다.

https://www.youtube.com/watch?v=tGf9TdqMmqg&list=PLy2LyLJQGGGp-
FHfoALlGVeHac9YJV7a_
(Little Cloud : 구름 이야기)

▷ 동화: 우리나라 전래 동화와 일반 동화가 있다. 대체로 동화책
은 세대를 거쳐 내려온 가치관과 교훈적 내용을 시사해준다.
이런 책은 전통적 지혜와 문화적 내용을 이해하는 데 도움을
주는 한편 모국어 실력을 기르는 데도 매우 유용하다. 한국
어로 번역하여 소개된 서구의 동화책도 매우 유용한 자료로,
서구의 전통과 문화를 모국의 그것과 비교해 볼 수 있는 장점
이 있다.

http://www.youtube.com/watch?v=uL0rO3xDj3g&list=PL5w8Pb_Vn_0uGOn
aUCMEeu2_JXZMU8QZm
(Children's Folk Tale Collection: 어린이 동화 모음 - 전래 동화, 유아 동화,
이솝우화, 옛날이야기, 구연동화)

▷ 시집과 동요: 시가 언어를 가르치는 데 유용한 것은 시인의 경
험과 영혼의 세계가 강렬하고 깊이 있게 담겨 전달되기 때문

이다. 시인은 의도적으로 의미가 모호한 언어를 사용하여 해석할 공간을 남겨 놓고, 읽는 사람이 그 공간에 담긴 의미를 파악하도록 한다. 함축된 의미는 읽는 어린이나 부모가 재해석하여 서로 의견을 나눌 수 있는 기회를 제공한다. 이리하여 어린이와 부모는 문자 그대로의 의미를 뛰어넘어 그 이상의 의의를 지닌 언어를 보고 들을 수 있다.

http://www.youtube.com/watch?v=7mo8iiCckGM
(Fly, Fly, Follow the Butterfly: 나풀나풀 나비 따라)

▷ **만화책**: 제2 외국어를 배울 때 많이 사용된다. 그림 속에 글씨가 쓰여 있기 때문에 만화책은 어린이들이 독서와 글쓰기에 열중할 수 있도록 동기를 부여해 준다.

글쓰기

　일반적으로 아동들이 자기 생각과 자신이 본 것을 표현할 때 그림을 사용한다. 언어 활용 능력이 발달할수록 그들의 마음을 표현하는 방식은 글쓰기 쪽으로 옮겨 간다. 글쓰기는 어린이들의 논리적 표현 능력을 키우는 데 도움을 주므로 부모는 자녀들이 글쓰기에 열중할 수 있는 환경을 조성하도록 노력해야 한다. 이러한 목적을 달성할 수 있는 활동으로는 한글 블락, 라벨링, 서예, 미디어 및 인터넷 등을 들 수 있다.

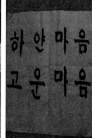

손가락 놀이

 이 놀이는 자녀와 부모가 다 함께 즐길 수 있는 형태의 놀이다. 색종이에 그림을 그리고 오려서 손가락에 끼운 뒤, 자녀와 부모가 그림과 관련된 이야기를 하거나 노래를 부른다. 이러한 종류의 놀이는 부모와 자녀 사이에 애정을 갖도록 도와준다. 참고로 손가락 인형 놀이의 예는 다음과 같다.

https://www.youtube.com/watch?v=A1MHLEOBQ8c
(Easily, Finger doll DIY: 집에서 간단히 손가락 인형 만들기)

예술과 공예 놀이

이 놀이는 글자 쓰기나 콜라지, 페인트, 종이, 헝겊 조각 등 여러 가지 재료들을 사용하는 놀이다. 슈퍼마켓에서 사 온 물건의 포장용지나 상자 등도 어린이들이 글자를 익히는 데 좋은 재료가 될 수 있다. 어린이들은 포장이나 상자에 쓰여있는 글씨도 보고, 모양과 질감 등도 느낄 수 있게 되며, 이러한 공예 활동을 통해서 인지력도 기를 수 있다.

http://www.youtube.com/watch?v=gt6W2KjL_E8
(Pinwheel Castle 바람개비 성)
http://www.youtube.com/watch?v=wWlO2dshAX4
(Hahaha! Laughing Doll 깔깔 웃음 인형)

전통문화

사회·문화적 환경은 어린이의 언어 발달을 촉진시킨다. 전통문화는 이러한 사회·문화적 환경의 한 요소로 활용되어 사회언어학적 지식을 증대시켜 준다. 사회언어학적 지식은 사회·문화적 환경과 상호작용하는 과정 속에서 습득되는 지식을 말한다. 다른 사람과의 상호작용 과정 중 사용된 말들은 일상생활의 사고 과정을 통해 점진적으로 내재화된다.[28] 따라서 문화적 배경이 되는 지식을 많이 습득하는 것 역시 언어 발달에 많은 도움을 준다. 그러므로 자녀에게 고유의 전통문화를 많이 알려 주고 흥미를 갖게 해 주길 권장한다. 부모가 가정에서 자녀와 함께 문화적 배경 지식을 통해 언어를 습득할 수 있는 예 몇 가지를 소개한다. 여기에 소개하는 예시는 한국의 것이지만 다른 나라도 고유의 전통문화를 통해 언어를 습득할 수 있다.

▷ 인사

한국의 인사법은 엎드려 절하기, 허리 굽혀 절하기, 고개 숙여 절하기 등 3종류로 나뉜다. 엎드려 절하기는 큰절이라고도 하며 사진에서처럼 양손을 이마에 대고 무릎을 꿇고 엎드려 절한다.

---

28) Vigotsky as cited in McDevitt & Ormrod, 2009, p. 317

이는 방안에서 나이가 많은 어르신들에게 또는 설날에 세배할 때 주로 한다. 허리 굽혀 절하기는 옥외에서 손윗사람을 처음 만나 인사할 때 주로 사용한다. 고개 숙여 절하기는 가장 흔히 하는 인사법으로 같은 또래 또는 손윗사람이라도 잘 아는 사람을 만났을 때 사용하며 고개를 살짝 숙여 인사한다. 자주 만나 친한 사이가 되면 신체적 동작 없이 그냥 "안녕하세요." 하며 구두 인사를 하는 것도 널리 통용된다. 요즘에는 나이가 비슷한 사람들 사이에서 또는 손윗사람이 먼저 손을 내밀 때 서양식으로 악수하는 방법도 많이 쓰인다.

https://www.youtube.com/watch?v=eBnMJJu_DhI
(키즈짱 생활 습관 놀이 - 먼저 인사해요, 인사를 잘해요)
https://www.youtube.com/watch?v=h_pZGJySH-w
(꾸꾸와 야야의 생활 습관 놀이 - 안녕, 안녕하세요. 인사하는 방법 배우기)

▷ 한복

한복은 한국 고유의 전통 의상이다. 곡선의 아름다움이 특징이다. 자녀는 부모와의 대화를 통해서 어휘뿐만 아니라 문화를 체험하는 기회를 갖게 된다.

https://www.youtube.com/watch?v=jp9mA2HSGJk
(Korea Today - Hidden Wisdom in the Folds of Hanboks 한복에 담긴 지혜)
https://www.youtube.com/watch?v=4GU8t0-HRP8
(한복의 구성 - 한복, 세상을 꿈꾸다)
https://www.youtube.com/watch?v=ogrxkbkjWAA
(우리나라 한복 어떻게 변해 왔나?)

▷ 식사 예절

　어린이는 어른이 먼저 앉은 다음에 앉도록 하며 이어서 숟가
락이나 젓가락도 어른이 먼저 집은 후에 집는다. 어른이 어린이
에게 물을 따라 줄 때는 두 손으로 그릇(컵)을 잡고 받는다.

https://www.youtube.com/watch?v=5yRpYSt_p50
(식사 예절을 배워요.)
https://www.youtube.com/watch?v=FVLqHZgtJfM
(우리 아이 공공장소 예절 교육은?)

한식
https://www.youtube.com/watch?v=e4du1jLYHOs
(Korea Today – Korea's Tasty Delights, Tteok 한국의 떡 문화)
https://www.youtube.com/watch?v=OfPlh6K5AlM
(Korean food culture 한국의 음식 문화)
https://www.youtube.com/watch?v=t3WLY00kf5Y
(Korean food)

▷ 한글

한글(한국의 알파벳)

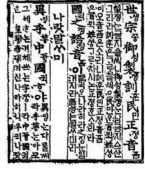
1443에 만들어진 한글 원본

한국의 알파벳인 한글은 동양 3국(한국, 중국, 일본)이 함께 써 오던
한자를 대체할 목적으로 1443년에 새로이 창제되어 한국의 공

식 문자로 채택되었으며 전부 24자로 구성되어 있다. 언어학자들에 의하면 지금까지 고안된 문자 중 가장 완벽한 음소 시스템이라고 한다. 한글의 기념비적 탄생을 경축하기 위해 매년 10월 9일을 국경일인 한글날로 정하였다.

▷ 한국의 주택

한옥이라고 일컫는 한국의 주택은 매우 독특한 난방 시스템인 온돌을 갖추고 있으며, 짚으로 엮어 지붕을 만든 초가집과 기와를 얹어 지은 기와집으로 두 종류가 있다. 한국의 집 구조와 용도, 실내장식 등은 자녀와 부모 사이의 좋은 대화 주제가 된다.

www.youtube.com/watch?v=qJdP8AtwnNk
(Hanok, A Friendly House of Korea's 정겨운 우리의 집, 한옥)
https://www.youtube.com/watch?v=k-rF9yXqfvA
(Korea Top10-Hanok experience 한옥 체험)

▷ 민속놀이

매우 다양한 민속놀이가 있지만 그중 윷놀이, 팽이치기 등은 자녀와 부모가 함께 즐기기에 특히 좋다.

https://www.youtube.com/watch?v=oJxGZCSOF8g
(Korean board game Yutnori, 윷놀이)
http://www.kidsnfm.go.kr/folk/play/play07.htm
(Jegi nori, 제기차기)

참 고
문 헌

Carlson, S., & Meltzoff, A. (2008). Bilingual experience and executive functioning in young children. Developmental Science, 11, 2, 282–298.

Cushen, P., & Wiely, J. (2011). Aha! Voila! Eureka! Bilingualism and Insightful Problem Solving. Learning and Individual Differences, 458-462.

Diamond, J. (2010). The Benefits of multilingualism. Social Science, 330, 332-333.

Fleith, D., et al. (2002). Effects of a creativity training program on divergent thinking abilities and self-concept in monolingual and bilingual classrooms. Creativity Research Journal, 14, 373-386.

Freeman, D., & Freeman, Y. (2004). Essential Linguistics: What you need to know to teach reading, ESL, spelling, phonics and grammar. Portsmouth, NH: Heinemann.

Hakuda, K., 1990. "Bilingualism and Bilingual Education: A

Research Perspective", NCBE Focus: Occasional Papers in Bilingual Education, 1.

Han, W. J. (2012). Bilingualism and academic achievement. Child Development, 83, 1, 300-321.

Hoff, E. (2009). Language Development. Wadsworth.

Kohnert, K., Yim D., Nett K., & Kan, P. (2005). Intervention with linguistically diverse preschool children: A Focus on developing home language(s). Language, Speech, and Hearing Services in Schools, 36, 251-263.

Kohnert, K., & Goldstein, B. (2005), Speech, Language, and Hearing in Developing Bilingual Children: From Practice to Research, Language, Speech, and Hearing Services in Schools, 36, 169-171.

Larsen-Freeman, D. (2007). Reflecting on the cognitive-social debate in second language acquisition. The Modern Language Journal, 91, 773-787.

Leikin, M. (2013). The Effect of bilingualism on creativity: Developmental and educational perspectives. International Journal of Bilingualism, 17, 4, 431-447.

McDevitt, T. & Ormrod, J. (2009), Child Development and Education. 4th ed. Pearson.

Mora, C.(2000), Foreign Language Acquisition and Melody Singing,

ELT Journal, Vol.54/2, 146-152.

Portes, A., & Hao, L. (2012). The price of uniformity: Language, family and personality adjustment in the immigrant second generation. Ethnic and Racial Studies, 25, 6, 889-912.

Poulin-Dubois D., Blaye, A., et al. (2011). The Effects of bilingualism on toddlers'executive functioning, Journal of Experimental Child Psychology, 108, 567-579.

Schön, D., Boyer, M., Moreno, S., Besson, M., Peretz, I. and Kolinsky, R.(2008), Songs as an aid for language acquisition, Science Direct, Cognition Vol. 106, 975-983.

Soderman, A. & Oshio, T. (2008). The social and cultural contexts of second language acquisition in young children, European Early Childhood Education Research Journal, 16, 3, 297-311.

{ To **raise** a **bright child**, teach **home** and foreign languages concurrently! }

Bilingual
Education

: **Advantages** for Your Child

Youn Lim

북랩 book**Lab**

CONTENTS

Chapter 1 Language Development and
Advantages of Bilingualism

PREFACE

The first problem an immigrant family encounters in their new life is the future language development of their children. During the time I worked in a Korean language school, I found that this issue was centered on how the home language should be dealt with. That is, should it be abandoned or continued? A large number of immigrant parents lean towards English only because they believe that further education in the home language would be detrimental to learning the majority language—English. This problem is not limited to Korean. Every immigrant faces the same language conflict.

Even if they are not immigrants, parents are concerned with their child's language development. Recent studies show that language is universally gained through conscious learning, such as in a formal education setting, and through subconscious acquisition of a language. Additionally, a critical period for language development exists. As a result, the parents' presence plays a significant role in their child's language development by facilitating subconscious acquisition during the early stages when a child is most sensitive to language.

This book aims to provide information on the effects of bilingual education, and to help parents apply this information to their children in real world settings. The first section will cover how general language develops in the early years and the advantages of bilingualism for cognitive and social development in children. In the second section, suggestions for handling bilingual development in children based on my experience with Korean immigrant families are provided.

I would like to present my profound gratitude to Dr. Charles Elster, Dr. Johanna Filp-Hanke and Dr. Mary Ann Nickel for their help in preparing this booklet. I am also thankful to parents and their children who joined my research works. I further give my thanks to friends, Bak, Seon-Hee, Gho, Hwa-Sun, Jung, Goo-Hee and Yoon, Bok-Hee who provided me with information about Korean culture and educational system. My family has also been supportive throughout the entire process of assembling this book: my husband, Park, Doo-

Seong, and my daughters, On Young, Mog Young, So Young and Jae Young. Lastly, I present this book to my late father, Lim, Sang-Jik, and my late mother, Lee, Doo-Kyung.

It is my hope that this book helps immigrant parents recognize the importance of home language education and the cognitive and social benefits it gives to children. Also, I hope that parents and children are able to become closer as a family throughout the bilingual education process, and that children are able to better themselves and their community with confidence.

The Korean-American population in the United States grew 38.9%, totaling 1.7 million, between 2000 and 2010(US Census Bureau, 2010), and according to the Foreign Ministry of South Korea, is estimated to be 2.25 million in 2013. This population growth includes an influx of immigrants and a natural increase of second generation children. The immigrant family will face some adversities that they had not taken into account before their arrival in the New World, including their daily bread, adaptation to a new social system, their children's education, and cultural conflict with their traditional values.

Among those difficulties, decisions about their children's education will be the top priority. Most parents are ready to sacrifice themselves when it comes to their children's future. They yearn to see that their children adjust well to school life, achieve high educational levels and devote themselves to valuable careers in the community.

What parents first face at the threshold of their children's education will be how they deal with the home language. Usually immigrant children are fully exposed to home language learning until preschool or kindergarten if their parents are home language speakers. However, once children start regular schooling, their home language proficiency stagnates and diminishes unless their parents are determined to support their home language learning.

Many immigrant parents used to abandon their home language for their children because of their preoccupation with their children learning English as quickly as possible. At home, parents begin to reduce the communicative time in home language and to increase the frequency of English conversation with their children, regardless of their English proficiency level. Some of parents think that bilingual experiences might cause language confusion. However, this incorrect view about bilingualism is outdated and the advantages of bilingualism have been recognized through many experimental studies.

Language Development and Advantages of Bilingualism

Language Development

On average, infants start babbling when they are about 6 months old. They begin to use single words at around 12 months and more complicated two-word combination at around 18 months which means the rapid increase in vocabulary appears in the second year. During early childhood(ages 2-6), children experience rapid advances in vocabulary and develop the ability to construct narratives. At the same time, children continuously face challenges in defining the meaning of words and using correct grammatical structures. For example, they may consider that humans are not animals since humans do not walk on four legs or have tails—also known as under-extension. Over extension is another error children commonly make. For example, they think too broadly and apply words to inappropriate contexts, such as "I am barefoot all over!" Children might also make over-regularization errors, where they use 'gooder' instead of better. In mid-childhood(ages 6~10), children gain a better understanding of temporal words(before, after) and comparatives(bigger, as big as). They also master literal interpretation of messages, pronunciation, sustained conversation about concrete topics, and construction of narratives with plots and cause-and-effect relationships.

It is said that language development is made either through learning or by acquisition.[1] Learning is a conscious process that involves studying rules and vocabulary which happens in school. Learned knowledge is easily forgotten when it is not repeatedly used. For this reason, students who are able to pass language tests may not be able to use learned language to communicate with native speakers. Unlike learning, acquisition happens from birth either through the mother tongue or

---

1) Krashen as cited in Freeman, 2004, p.35

immersion preferably within the country of the secondary language. Acquisition can happen either in or out of school.

Human language acquisition develops rapidly, intensively and consistently adjusting to external input even though speed and pattern of acquisition depend on the age of the child and the quality of the environment. This is evident that when a child was abandoned in the wilderness at an early age and taken care of by animals, his sensory functions adapted to animals' cognition and communicative skills.[2] The progress of human language development is thought to have halted because of no further linguistic input from the outside. The innate capacity and brain circuits responsible for language acquisition possibly did not function as they would have when placed in an environment enriching language.

Language development also has a very specific period where children are susceptible to language acquisition that is commonly referred to as a 'critical period'. Krashen states adult learners do not attain native-like proficiency that children or young learners do because adults are already past

---

2) smithsonianmag.com

their critical period. It is the same case with the previously mentioned child. The child who was rescued after long isolation from human society barely managed to attain rudimentary language skills despite intensive language training. This might mean that the child had missed a sensitive period of language acquisition.

Hence, we might question when the critical period starts and ends. There is no definite answer, but most researchers define that critical period starts at about age two and ends before puberty or even at nine. It is evident that the acquisition of second language(L2) needs to be done before the critical period ends. L2 learning during the critical period mostly helps learners increase the native-like proficiency of pronunciation and grammar.[3]

Since the language acquisition is a complex process, there are diversified theories on how language is acquired throughout younger ages. Most representative theories are nativism, information processing theory, sociocultural theory

---

3) Freeman, 2004, p. 42

and functionalism.[4] Nativism claims that children are born with innate capacity(language acquisition device) that enables them to learn a complex aspect of language in a short period of time(Chomsky). Information processing theory focuses on cognitive processes such as attention, reasoning and working memory that children utilize as they acquire language. The sociocultural theory looks at how social setting and interaction supports language development. Lastly functionalism investigates as to why children would want to learn the language of their society, possibly to acquire knowledge, establish interpersonal relationships, control their own behavior, and influence the behavior of others.

If we further look into how the development of second language acquisition is achieved, Krashen(1999) suggested that the first and second languages are acquired in the same way. He made a great contribution to the development of ESL(English as a Second Language) and EFL(English as a Foreign Language) teaching by introducing five hypotheses of second language acquisition. Firstly, there are two ways of developing a second

---

4) McDevitt & Ormrod, 2009, pp. 315~319

language, conscious learning and subconscious acquisition(Learning/Acquisition Hypothesis). Secondly, the second language is acquired in a natural order like a first language(Natural Order Hypothesis). Thirdly, the rules that people learn can be used to monitor spoken or written language(Monitor Hypothesis). Spoken language is more difficult to monitor than written language. Fourthly, second language acquisition takes place through comprehensible input such as messages, either oral or written(Input Hypothesis). The teacher's role here is to find ways to make the input comprehensible. Lastly, language acquisition is influenced by affective factors such as nervousness, boredom, or anxiety(Affective Filter Hypothesis). These factors serve as a filter to block out incoming messages and prevent them from reaching the language acquisition device. This hypothesis explains why students acquire language better when singing or when involved in interesting hands-on activities such as cooking or an interesting science experiment. Teachers need to create environments in the class which lower students' affective filters.[5] Schuman[6] found that the language development of immigrant people is affected by social and psychological distance from the mainstream culture. The greater the distance, the less likely it will be that the minority group will acquire the mainstream language. Schuman's concepts of social and psychological distance complement Krashen's theory.

5) Freeman & Freeman, 2004, pp. 35~40
6) 1978, as cited in Freeman & Freeman, 2004. p. 40

Advantages of Bilingualism

Recent studies have made remarkable achievements in the comparison of bilingual and monolingual speakers. In this regard, it will be worthwhile to have an insight into what advantages bilinguals enjoy. Their many studies have found that bilingualism is associated positively with greater mental flexibility in learning, understanding and knowing(cognitive flexibility) as well as language awareness. It also helps in situations requiring insightful problem-solving[7] and divergent thinking, which leads to the development of creativity[8] Home

---

7) Cushen, 2011
8) Fleith, 2002

language and English are not mutually exclusive but complementary.[9] Home language proficiency will help English language learning because of the cross-language transfer of skills and knowledge.[10]

In addition to those advantages in cognitive development, bilingual education also helps children develop better social skills and social awareness(social development).

Thanks to positive findings about bilingualism in recent years, it has become a general belief among linguists, psychologists, and educators that bilinguals have an advantage over monolinguals in cognitive and social development.

Now I will review the advantages of bilingualism for children's cognitive and social development.

---

9) Hakuda, 1990
10) Diamond, 2010

1) Advantages for Cognitive Development & Schooling

Cognitive development refers to how a person perceives, thinks, and gains understanding of his or her world. It is the construction of intellectual and mental abilities through attention, reasoning, memory, problem-solving, and decision-making. Bilingual children are reported to show better cognitive performance in certain tasks, such as selective attention and cognitive flexibility tasks, than monolingual speakers, and they also follow a different cognitive development path early on. By age one, bilingual infants are able to form separate language systems and can distinguish and switch between languages by age two. This development is markedly different from that of monolinguals who do not attain these separate language systems, as well as the cognitive benefits attached to bilingualism, in the early stages of development.[11]

---

11) Bialystok, 2001 as cited in Poulin-Dubois D., 2011

Bilingual children have better executive function skills.

· Executive function is a set of processes for the conscious control of thought, action and including shifting of mental sets, updating information in working memory and planning ability. The inhibitory control is that misleading attention of stimulus must be suppressed to attend to the relevant ones.[12] For example, we receive external sensory input like sight and sound, and internal input like thoughts and feelings. However, our mind attends to only limited input, inhibiting some input when trying to do a task(inhibitory control). From the early ability to switch between languages, focusing on one while suppressing the other, bilingual children show the benefits of inhibitory control and executive function. Bialystok reported that at three years, bilinguals were better able to utilize executive function processes and that even 7-month-old bilinguals have a cognitive benefit in a switch task that requires inhibitory control(Kovacs & Mehler, 2009).[13]

---

12) Bialystok, 2001, cited in Carlson & Meltzoff, 2008
13) Kovacs & Mehler, 2009, Cited in Poulin- Dubois D., 2011

· Bilinguals have a significant advantage on tasks that require managing conflicting attention demands.[14]

Bilingual people have better problem solving abilities.

· Cushen(2011) selected 166 undergraduates at Midwestern universities among which 102 were English monolinguals and 64 were bilinguals(Spanish, Indian, Chinese, Polish, Tagalog, Korean, and Albanian). They wanted to investigate whether bilinguals and monolinguals show different rates of success in solving insight and non-insight problems. Bilinguals did better than monolinguals in solving insight problems, which means that monolinguals may suffer under situations requiring cognitive flexibility.

Bilingual people have better creative thinking abilities.

· Bilingual people outperform monolinguals in the flexibility of thought, suggesting a strong relationship between bilingualism and creativity. Bilinguals show higher achievement on tests of verbal originality, flexibility, figural

---

14) Carlson & Meltzoff, 2008

originality, fluency and nonverbal creativity.[15]

· Children who received early bilingual education with balanced proficiency in both languages achieved the highest development in creative thinking. The result of recent study show that early bilingualism takes a positive effect, to some extent, on the children's general and mathematical creative ability. The more children have balanced bilingual proficiency, the more the creative thinking intensively develops.[16]

· Bilinguals may have a higher flexibility in approaching the world, a more diverse relationship with the same concept, tolerance for ambiguity, and diverse ways to encode and access knowledge compared with monolinguals.[17] In addition, they usually participate in activities involving two cultural groups, unlikely monolinguals.

15) Simonton 2008, Kharkhurin 2010, Cummins 2000, as cited in Leikin, 2012
16) Leikin, 2012
17) Lubart, 1999, cited in Fleith, 2002

Bilingual children perform just as well as English-speaking monolingual children in academic achievement.

· Children who have had opportunities to develop and use their first language are more likely to succeed academically than children who have not had opportunities to develop skills in their first language.[18]

· Bilingual children generally start kindergarten with lower English reading and math scores, but fully close the gap with English monolingual children by fifth grade.[19]

2) Advantages for Social Development

Social development is about learning the values, knowledge and skills that enable children to relate to others effectively and to contribute in positive ways to family, school and the community. For this reason, the success of society is closely linked to the future well-being of each child.

---

18) Kohnert & Yim, 2005
19) Han, 2012

Bilingual children have a better chance at surviving in new environments.

· Failure to develop and maintain the language used at home and by extended family members may result in loss of cultural identity and reduced contact with family members.[20]

· Second-generation children of immigrant parents have significant social–emotional and educational advantages when they have learned the language spoken by their parents in addition to English.[21]

· Second-generation bilinguals reported higher self-esteem, better relations with their family members, and greater academic aspirations than second-generation children who speak English only.[22]

Bilingual children show less problematic behavior.

· In a study of problematic behavior of 12,580 children (1,520 children with family roots in Asian regions and 11,060 US-born children)

---

20) Kohnert & Yim, 2005
21) Portes & Hao, 2002
22) Portes & Hao, 2002

during the period between kindergarten and fifth grade, fluent bilingual children had the lowest levels of behavior problems.[23]

---

23) Han, 2010

Recommendations for Bilingual Families

As we become aware of the advantages of bilingualism and the fact that there is a sensitive period in language development, I would like to introduce some important suggestions on how immigrant parents can enhance your children's home language proficiency.

What can parents do at home for Korean language development?

· Parents should establish an encouraging conversational setting at home. The best support adults can give to young children is to encourage them to initiate conversation and make it easy and enjoyable for them to sustain it. Parents should not try to control and correct language development because such corrective behavior may inhibit language development rather than assisting it.

- Children should be surrounded by a speaking community in order to fully develop home language. For this reason, parents should communicate with their children in their home language when appropriate.

- Talk regularly to, with, and around infants and toddlers. Even when young children do not yet talk themselves, they learn substantially from hearing their home language. Also, parents should regularly engage them in conversation.

- Give definitions. Children learn words more easily when parents explain what the words mean.

- Provide examples and non-examples. For instance, to illustrate salamander, parents show several salamanders and similar animals such as a snake or a lizard saying that the latter two animals are "not a salamander".

· Expand on children's speech. When young children speak in sentences using two or three words, parents or caregivers can engage in expansion by rewording the sentences in a more mature form. For instance, when a toddler says, "Doggy eat", the parent might respond by saying, "Yes, the doggy is eating his dinner." Expansion gives children gentle feedback about incomplete utterance and encourages them to use more complex forms.

· Encourage children to read as much as possible.

· Encourage creativity in oral language. Linguistic creativity can be expressed through stories, poems, songs, rap, jokes, and puns. These kinds of forms not only encourage creative language use but also help children identify similarities between seemingly dissimilar objects or events.

· Try family activities that can be enjoyed together for fun.

What else can parents do outside of home for Korean language development?

Keep children in close contact with Korean educational institute. There are Korean Day Care Center, Preschools and Korean language schools in Korean educational institute.

Where can children find formal Korean language education?

· Korean-Speaking Day Cares or Preschools

The younger the children are, the more comfortable and stable they feel in the same cultural environment. At these ages, it is important for children to get road exposure to Korean language setting because their home language proficiency undergoes, in particular, rapid and complex development.

· Korean Language Schools

If parents speak Korean at home, their Korean language development build up before school age. By the way if children are exclusively positioned in English education, they may very well lose proficiency in home language in the process of developing proficiency in English. This phenomenon is called as 'subtractive bilingualism'.[24] Accordingly parents make an effort continually that the balanced the balanced bilingual fluency be maintained throughout elementary school year may not to decline the ability to use Korean language. The parents should keep closely contact with home and their Korean

---

24) McDevitt & Ormrod, 2009

educational institute for language development. Because it's a big role for language development. Schuman found language development decreased the more far main stream's social and psychological distance. It is explained why children need to come into close relation with Korean education institute continually after the preschool. Korean school is offered intimate opportunity to Korean socio cultural circumstances and broad knowledge of language. In oter word, the parents have been so keep continually that children have relationship with Korean education institutes.

Chapter 2

Activities for Supporting Bilingual Education at Home

Activities for Bilingual Children & Their Families

We can find many useful teaching activities for children. These activities help language development, and spark their curiosity and interest in learning language and communication. Activities done with others, such as when children work together with peers and adults, promote social development. In this section, I will introduce several activities associated with language development and recommend that parents work together with their children. Parents may also acquire ideas from the suggested activities to design new helpful exercises for their child. The Examples referenced here are from You Tube, thus parents can easily access helpful study materials from the website.

Play Dough

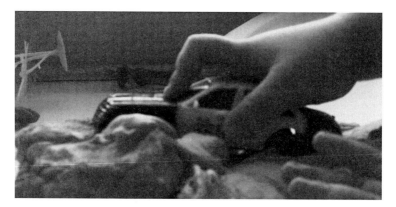

Play dough offers children many advantages, one being that it promotes children's interest and curiosity about learning. When young children are allowed to play by themselves with play dough free from adult supervision and guidance, then they will show the most imaginative play.

When children play with other children or adults, they can learn and practice language to communicate ideas by inventing stories.[25]

Through my practical experiments, I found that playing with playdough increases vocabulary and may play a critical

---

25) Thompson, 1990, as cited in Swartz, 2005, p. 105

role in improving learning disposition. Another positive effect play dough had was that it reduced learner's ability to be distracted remarkably. I also found that it is important for parents and caregivers to act as a peer or as a supporter but not as a coordinator or a supervisor of play.

Music

Music and language are similar: they both use sound to communicate feelings and messages and have tone, stress and volume, though music works in a more emotional manner. Singing benefits language learning and music can help children to remember verbal language. Songs are also useful for improving pronunciation. Additionally, the repetitive lyrics in songs can help children's language acquisition.[26]

Songs contribute to language learning in three ways. Firstly, the emotional aspect of songs may increase children's attention and involvement. Secondly, the pitch changes in songs help children more clearly hear the sound changes between syllables. Thirdly, connections between musical notes and language structures increases learning.[27]

In my own experiment with six Korean-American children, Korean song lyrics contributed to better understanding, heightened interest and motivation for children. Recommended songs for teaching Korean are nursery rhymes, traditional folk songs, children's entertainment songs, and K-pop songs.

---

26) Mora, 2000
27) Schön, 2008

Book

Books are one of the most accessible resources for language learning. Many families regard books as the primary tool to support their children's home language learning. Two aspects of book reading that parents should consider are selecting appropriate books and reading activities.

The books that parents select should match the interests, motivations, identities and background experiences of their children. The following types of books are recommended for young children:

▷ **Picture Books:** These books work especially well in teaching the home language to young children. Parents should pay attention to the attractiveness of book formats, illustrations and content, as well as the size and number of words per page.

https://www.youtube.com/watch?v=tGf9TdqMmqg&list=PLy2LyLJQGGGp-FHfoALlGVeHac9YJV7a_
(Little Cloud : 구름 이야기)

▷ **Folk Tales & Fairy Tales:** These stories teach a variety of traditional values and lessons that have been passed on for generations. These books give children an understanding of traditional wisdom and culture while improving the home language. Western folk and fairy tales translated from English into Korean can be a good resource for children to compare Western traditions and values.

http://www.youtube.com/watch?v=uL0rO3xDj3g&list=PL5w8Pb_Vn_0uGOn aUCMEeu2_JXZMU8QZm
(Children's Folk Tale Collection: 어린이 동화 모음 - 전래 동화, 유아 동화, 이솝우화, 옛날이야기, 구연동화)

▷ **Poetry & Nursery Rhymes:** Poetry is useful for teaching language because of its intense and insightful way of conveying experience and the world of soul. It allows readers to fill gaps that poets intentionally leave using ambiguous language. Its compressed meaning provides a great opportunity for children and their families to reinterpret meanings and exchange opinions. The children and parents can see and hear language with rich significance beyond the literal meanings of words.

http://www.youtube.com/watch?v=7mo8iiCckGM
(Fly, Fly, Follow the Butterfly: 나풀나풀 나비 따라)

▷ **Comic Books:** Comic books have been used widely with second language learners. Because they have print inside pictures, they can help motivate children to engage in reading and writing.

Writing

Young children typically start to use drawings as a way of expressing what they think or see. As language literacy progresses, children move on from drawings to writing in

order to express their thoughts. Because writing helps children develop logical expression, parents should try to organize writing-friendly settings that motivate children to participate in. There are many ways to support this purpose, such as alphabet blocks, labeling, calligraphy, media, and the internet.

Finger Puppets

This is a type of play both children and parents can enjoy together. Start with drawings on colored paper, or other material, and place the drawn objects over fingers. Parents and children then tell stories or sing children's songs and verses associated with the drawings. This kind of play will contribute to attachment and connectedness between parents and children.

---

https://www.youtube.com/watch?v=A1MHLEOBQ8c
(Easily, Finger doll DIY: 집에서 간단히 손가락 인형 만들기)

Arts & Crafts Activities

Crafts are a form of play that comprise of activities such as writing letters, drawing, and creating figures using  paint, paper, fabrics, etc. Wrapping papers, boxes, and materials that are easily accessible in super markets can also be good materials for children. Arts and crafts are an effective way for children's cognition to develop, for example, by

receiving visual and tactile inputs from texture, letters, designs, and shapes on given items.

http://www.youtube.com/watch?v=gt6W2KjL_E8
(Pinwheel Castle: 바람개비 성)
http://www.youtube.com/watch?v=wWlO2dshAX4
(Hahaha! Laughing Doll: 깔깔 웃음 인형)

Traditional Culture

Sociocultural circumstances can improve children's language development. Since sociolinguistic knowledge is acquired by interacting with sociocultural factors, it can be said that cultural knowledge increases sociolinguistic knowledge.

According to Vigotsky, children use words first in their interactions with others, and then, through the process of internalization, gradually incorporate these words into their everyday thought process.[28] Therefore I recommend parents plant an interest for traditional cultural knowledge in their children for enhanced language development. By interacting with their own culture and gaining a strong background knowledge of what their society and history are like, a child's language will improve by practicing words and concepts that are helpful in adapting to socially.

I would like to introduce language acquisition examples associated with background knowledge for children and recommend that parents work together on these activities

---

28) Vigotsky, as cited in McDevitt & Ormrod, 2009, p. 317

with their child. I will focus on describing Korean culture as an example for cultural background knowledge and topics of discussion. Other cultures, on the other hand, will have different subjects and activities to engage in.

▷ Greeting

There are three types of greetings in Korea. The most courteous greeting involves bowing while kneeling and having one's forehead hover over their hands. This type of greeting is called a Keunjol, or big bow, commonly practiced to respect parents or seniors. Particularly, Keunjol acts as an official greeting at New Year's Day, which is referred to as Sebae. The second greeting involves leaning the upper body forward, creating about a forty-five degree angle to the standing legs. This type of bowing is mostly used when meeting a person who is older for the first time. The last greeting is done simply by nodding—most commonly practiced among acquaintances. However, the above types of greetings are often skipped between close friends, where a verbal "An-nyung" ("Hi") is said. Nowadays, the western style greeting by shaking hands is increasing in popularity amongst peers or when an elderly person extends their hand.

https://www.youtube.com/watch?v=eBnMJJu_Dhl
(Kids Jjang Daily Life's Habit Play - Say Hello first,Greet Well)
https://www.youtube.com/watch?v=h_pZGJySH-w
(Kuku and Yaya's Daily Life's Habit Play - Hi, Hello, Learn How to Say Greetings)

▷ Hanbok

Hanbok is traditional Korean clothing. The child will have

an opportunity to gain and practice vocabulary about Korean traditional attire by conversing cultural knowledge with parent or caregiver, and trying on the clothes.

https://www.youtube.com/watch?v=jp9mA2HSGJk
(Korea Today – Hidden Wisdom in the Folds of Hanboks 한복에 담긴 지혜)
https://www.youtube.com/watch?v=4GU8t0-HRP8
(The Style of Hanbok – Hanbok Takes a Wing of Dream)
https://www.youtube.com/watch?v=ogrxkbkjWAA
(How has Hanbok changed?)

▷ **Korean dining Etiquette**

When dining with guests or family, it is recommended to wait to be seatcd. The utensil should be lifted by the eldest of the group first before the rest of members start meal. When a senior or elderly person pours a drink for you, hold out your cup with both hands to show respect.

https://www.youtube.com/watch?v=5yRpYSt_p50
(Let's learn Korean table manner.)
https://www.youtube.com/watch?v=FVLqHZgtJfM
(How should we educate our kids about public etiquette?)

Korean Food
https://www.youtube.com/watch?v=e4du1jLYHOs
(Korea Today - Korea's Tasty Delights, Tteok)
https://www.youtube.com/watch?v=OfPlh6K5AIM
(Korean food culture)
https://www.youtube.com/watch?v=t3WLYOOkf5Y
(Korean food)

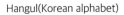

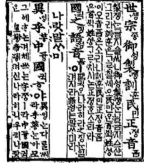

Hangul(Korean alphabet)

Hoonminjunghum (Origin of Hangul devised in 1443)

The Korean alphabet, Hangul, was devised in 1443 to replace the then Hanja which Chinese, Korean and Japanese people commonly used. Hangul is currently used as the official script of Korea comprised of 24 letters. The creation of Korea's own alphabet system was so monumental that Koreans dedicate the 9th of October to celebrate origination of Hangul.

▷ **Korean Houses**

Korean houses(hanok) have a very unique, underfloor heating system(ondol). There are two different types of houses: the thatch-roofed house(chogajip) and the Korean tile-roofed house(kiwajip).

www.youtube.com/watch?v=qJdP8AtwnNk
(Hanok, A Friendly House of Korea's 정겨운 우리의 집, 한옥)
https://www.youtube.com/watch?v=k-rF9yXqfvA
(Korea Top10-Hanok experience 한옥 체험)

▷ Playing Folk Games

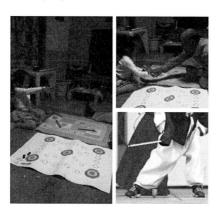

There are many kinds of traditional games, such as yutnori and paengeechigi(top-spinning games), that are enjoyable activities for children and parents.

https://www.youtube.com/watch?v=oJxGZCSOF8g
(Korean board game Yutnori, 윷놀이)
http://www.kidsnfm.go.kr/folk/play/play07.htm
(Jegi nori, 제기차기)

REFER ENCES

Carlson, S., & Meltzoff, A. (2008). Bilingual experience and executive functioning in young children. Developmental Science, 11, 2, 282–298.

Cushen, P., & Wiely, J. (2011). Aha! Voila! Eureka! Bilingualism and Insightful Problem Solving. Learning and Individual Differences, 458-462.

Diamond, J. (2010). The Benefits of multilingualism. Social Science, 330, 332-333.

Fleith, D., et al. (2002). Effects of a creativity training program on divergent thinking abilities and self-concept in monolingual and bilingual classrooms. Creativity Research Journal, 14, 373-386.

Freeman, D., & Freeman, Y. (2004). Essential Linguistics: What you need to know to teach reading, ESL, spelling, phonics and grammar. Portsmouth, NH: Heinemann.

Hakuda, K., 1990. "Bilingualism and Bilingual Education: A Research Perspective", NCBE Focus: Occasional Papers in Bilingual

Education, 1.

Han, W. J. (2012). Bilingualism and academic achievement. Child Development, 83, 1, 300-321.

Hoff, E. (2009). Language Development. Wadsworth.

Kohnert, K., Yim D., Nett K., & Kan, P. (2005). Intervention with linguistically diverse preschool children: A Focus on developing home language(s). Language, Speech, and Hearing Services in Schools, 36, 251-263.

Kohnert, K., & Goldstein, B. (2005), Speech, Language, and Hearing in Developing Bilingual Children: From Practice to Research, Language, Speech, and Hearing Services in Schools, 36, 169-171.

Larsen-Freeman, D. (2007). Reflecting on the cognitive-social debate in second language acquisition. The Modern Language Journal, 91, 773-787.

Leikin, M. (2013). The Effect of bilingualism on creativity: Developmental and educational perspectives. International Journal of Bilingualism, 17, 4, 431-447.

McDevitt, T. & Ormrod, J. (2009), Child Development and Education. 4th ed. Pearson.

Mora, C.(2000), Foreign Language Acquisition and Melody Singing,

ELT Journal, Vol.54/2, 146-152.

Portes, A., & Hao, L. (2012). The price of uniformity: Language, family and personality adjustment in the immigrant second generation. Ethnic and Racial Studies, 25, 6, 889-912.

Poulin-Dubois D., Blaye, A., et al. (2011). The Effects of bilingualism on toddlers'executive functioning, Journal of Experimental Child Psychology, 108, 567-579.

Schön, D., Boyer, M., Moreno, S., Besson, M., Peretz, I. and Kolinsky, R.(2008), Songs as an aid for language acquisition, Science Direct, Cognition Vol. 106, 975-983.

Soderman, A. & Oshio, T. (2008). The social and cultural contexts of second language acquisition in young children, European Early Childhood Education Research Journal, 16, 3, 297-311.